Ingrid Trobisch · Du bist mir wichtig

Die Stärke von Frauen liegt unter anderem in ihrer Fähigkeit, Beziehungen zu gestalten. Sehr bewußt nehmen sie wahr, wie wichtig die Fäden sind, die sie mit vielen Menschen verbinden. Ingrid Trobisch gibt ihre Erfahrungen aus einer Vielzahl von gewachsenen Freundschaften und Beziehungen weiter.

Ingrid Trobisch ist Autorin des Weltbestsellers »The Joy of Being a Woman« (»Mit Freuden Frau sein«) und vieler anderer Bücher. Zusammen mit ihrem Mann gründete sie die »Family Life Mission«, für die sie nach wie vor in Afrika, Europa und den USA unterwegs ist. Sie lebt in Springfield/Missouri.

Ingrid Trobisch

Du bist mir wichtig

Als Frau Beziehungen gestalten

R. BROCKHAUS

Gekürzter Auszug aus:
»Du bist eine starke Frau«
Die vollständige amerikanische
Originalausgabe erschien unter dem Titel:
»The Confident Woman«
bei HarperCollins Publishers, New York

RB*taschenbuch Bd.* 2052

Umschlag: Dietmar Reichert, Dormagen
Gesamtherstellung:
Breklumer Druckerei Manfred Siegel KG
ISBN 3-417-22052-1
Bestell-Nr. 222 052

Dieses Buch ist gedruckt
auf 100 % Recyclingpapier

INHALT

Mit anderen Frauen leben

Wirklich glücklich kann man nur werden, wenn man sich selbst so mag, wie man ist.

Einem anderen ein guter Freund werden kann man nur, wenn man ihn so annimmt, wie er ist. (Was nicht heißt, daß er so bleiben muß, wie er ist.)

Die Geschichte der Beziehungen und Freundschaften in unserem Leben beginnt mit der Beziehung, die wir zu unserer Mutter hatten oder noch haben. Sie wollen wir als erste betrachten.

Die Mutter-Tochter-Beziehung

Ich bin die älteste, sehr sensible Tochter einer starken Mutter, die mit beiden Beinen auf der Erde stand. Sie selbst war in einer Familie mit drei großen Brüdern aufgewachsen – alle von ihnen Baseballspieler. Sie war auch eine gute Leichtathletin und gewann jeden Wettlauf. Ihre besonderen Lieblinge waren junge Hunde und kleine Jungen. Bewundernswert war, daß ihr jegliche Art von Selbstmitleid fehlte; sie lehrte uns, heiter und dankbar zu sein und hart zu arbeiten.

Sie zeigte uns, wie man anderen gegenüber gleichzeitig respektvoll und hilfreich sein kann. Sie weckte in mir einen nie versiegenden Wissensdurst und lehrte mich, die Welt um uns herum zu schätzen. Sie drängte mich, beharrlicher zu sein, als mein Charakter wollte, und niemals aufzugeben. Sie brachte uns bei, wie wichtig es ist, sich gesund zu ernähren, und arbeitete dafür viel in Küche und Garten. Sie leitete mich an beim Kochen, Backen, Putzen, Waschen, Bügeln und Flicken. Aber vor allem lehrte mich Mutter, Gott und Gottes Welt zu lieben.

An einem Sommerabend, als ich zwölf Jahre alt war, half ich meiner Mutter, die Wäsche abzunehmen. Wir spannten unsere Wäscheleine vom großen Hickory-Nußbaum auf dem Hof bis zu den beiden Eichen und wieder zurück. Als wir ein großes weißes Laken abnahmen, es zusammenfalteten und in den Wäschekorb legten, kam Mutter, anstatt das nächste Stück abzunehmen, zu mir, legte ihre Arme um mich und drückte mich an sich. Ich war überrascht, aber ich erinnere mich, daß es guttat. In den Jahren danach, als wir durch Kontinente voneinander getrennt waren, tröstete mich oft die Erinnerung an diese unerwartete Umarmung.

Oft habe ich mit Frauen gesprochen, die »Mutterprobleme« haben, sich abgelehnt fühlen, manche schon seit oder gar vor ihrer Geburt. Diese Frauen wurden von ihren Müttern auf Distanz gehalten, die vermutlich wiederum von ihren Müttern genau so behandelt worden waren. »Ich wollte dich nicht ausschließen«, sagte eine Mutter zu ihrer Tochter. »Aber ich wußte doch nicht, daß du bei mir sein wolltest.«

Diese Distanz kann einer Tochter signalisieren, daß sie nicht geliebt wird, und so zu einem negativen Mutterbild führen. Aber das ist nicht alles. Ich muß diesen Frauen sagen: »Wenn dir deine Mutter und dein Vater innerlich fremd geblieben sind und du es dabei beläßt, dann wirst du Beziehungsprobleme mit dir selber haben und wirst dich selbst auch nicht annehmen können.« In solchen Fällen muß manchmal ein langer seelischer Heilungsprozeß in Gang gesetzt werden.

Als ich einmal meine älteste Tochter Katrine besuchte, lud sie mich ein, an einer Frauenbibelstunde teilzunehmen. Es war ein Samstagmorgen, an dem die Frauen ungestört zusammensein konnten. Als wir über Vergebung sprachen, schlug eine Frau vor, daß wir über die schmerzlichste Erfahrung mit unserer Mutter oder einer Person, die diese Stelle eingenommen hatte, sprechen sollten. Nachdem wir unsere Geschichte erzählt hatten, wagten wir ganz bewußt den Schritt, unseren Müttern zu vergeben. Tränen wurden vergossen, und Heilung geschah. Dabei kam mir eine Kindheitserinnerung in den Sinn, die ich meiner Mutter im geheimen immer vorgeworfen und die meine wahren Gefühle ihr gegenüber blockiert hatte. Wie gut es tat, das auszusprechen und reinen Tisch zu machen! Dann hörte ich zu, als meine eigene Tochter über ihre schmerzvolle Erfahrung im Internat sprach. »Ich fühlte mich all die Jahre im Stich gelassen«, sagte sie. Sie mußte ein Internat besuchen, weil wir auf einer einsamen Höhe im österreichischen Salzkammergut lebten – das wurde nun auch zu einer Frage an mich, ihre Mutter.

Als meine Mutter ins Krankenhaus mußte, besuchte ich sie mit einer Freundin. Ihr zugewandt sagte Mutter: »Ingrid war immer eine gute große Schwester für ihre jüngeren Geschwister.« Das hatte ich noch nie gehört!

»Mutter, du bist jetzt 82. Warum hast du mir das nie gesagt? Es hätte mir all die Jahre soviel geholfen!«

»Weil ich nicht wollte, daß du stolz wirst«, war ihre Antwort.

Ja, so waren unsere Mütter!

Als ich ihr an jenem Tag den Abschiedskuß gab, hörte ich sie zum ersten Mal sagen: »Ingrid, ich habe dich lieb.«

Vielleicht hatte sie diese Worte niemals von ihrer eigenen Mutter gehört. Vielleicht hatte sie sich diese Worte abringen müssen – für mich bedeuteten sie unendlich viel.

Ich erinnere mich, daß ich einen großen »Mutterhunger« hatte, als ich in Deutschland lebte. Ich sprach darüber mit Mutter Amalia. Sie und ihr Ehemann Klaus Hess waren wichtige geistliche Ratgeber für meinen Mann Walter und mich. Mutter Amalia hörte ruhig zu, als ich ihr von meinem Schmerz erzählte. Sie hatte keine großen Trostworte, legte einfach ihre Arme um mich und ließ mich an ihrer Schulter weinen.

Es liegt oft an unserer eigenen Einstellung, ob wir eine gesunde Beziehung zu unseren Töchtern und unseren Schwiegertöchtern haben. Ich war am Abend vor unserer Hochzeit in Mannheim sehr überrascht, als »Mutti«, meine zukünftige deutsche Schwiegermutter aus Leipzig, feierlich aufstand, mich anschaute und sagte: »Hiermit gebe ich die erste Stelle im Leben meines Sohnes Walter auf und gebe ihn an Ingrid weiter.« Ich wußte, daß Walter und seine Mutter eine gute Beziehung zueinander hatten und jede Stunde genossen, die sie miteinander verbringen konnten. Jeden Sonntagabend schrieb sie an ihre Kinder, und sie blieben lebenslang in Verbindung mit ihr. Mutti erzählte mir später, wie sie selbst unter der Haltung ihrer Schwiegermutter ihr gegenüber gelitten hatte. Sie wollte nicht, daß ihre Schwiegertöchter die gleiche Erfahrung machen mußten.

Jemand hat einmal gesagt, daß das Schwiegermutterproblem dadurch verursacht wird, daß zwei Frauen denselben Mann lieben. Bevor es kein »Verlassen« von Vater und Mutter gegeben hat, kann es kein richtiges »Anhangen« in der Ehe geben. Ich weiß aus eigener Erfahrung, nachdem ich fünfmal Schwiegermutter geworden bin, wie schwer es ist, unsere Söhne und Töchter gehen zu lassen. Ich nehme die Ehemänner und -frauen meiner Kinder wie meine eigenen Kinder an, was bedeutet, daß ich loyal und bejahend diese neuen Familienmitglieder akzeptiere. Ich möchte ihnen das Gefühl geben, daß ich auf ihrer Seite bin und es kein Reden hinter ihrem Rücken gibt. Walter drückte das sehr drastisch aus, wenn er sagte: »Mit jeder negativen Bemerkung spielen wir dem Teufel in die Hände.« Recht hatte er!

Unsere eigene Mutter bemuttern

Viele Frauen in den mittleren Jahren müssen ihre eigene Mutter bemuttern, die immer älter und abhängiger wird. Dieser Rollentausch kann schwierig sein, und er verlangt viel Selbstlosigkeit und Liebe: Von uns wird erwartet, unseren Eltern Eltern zu sein, manchmal bevor wir bereit sind, nicht mehr Kind zu sein.

Viele meiner Freundinnen mußten diese Phase durchleben. Reinhild schrieb mir, nachdem sie liebevoll über ein Jahrzehnt ihre Mutter gepflegt hatte: »Heute morgen starb Mutter friedlich in meinen Armen. Ich habe nichts zu bereuen.«

Ich sah Elisabeth, meine deutsche Lektorin, liebevoll für ihre Mutter sorgen. Während der letzten Monate ihres Lebens benötigte die Mutter Pflege rund um die Uhr. Nun mußte manche Verlagstätigkeit zu Hause erledigt werden. Freiwillige Helfer und Krankenschwestern halfen bei der Pflege, wenn sie selbst im Büro war. Ich hörte sie niemals klagen, wenn sie auf ihre wohlverdienten Ferien verzichtete. Jedesmal, wenn ich sie sah, gingen von ihr Zuversicht und Dankbarkeit aus. »Geschafft!« sagte sie aufatmend, als sie mit den Helfern dankbar feststellen konnte: Die Mutter war in Würde gestorben. Der Dank überstrahlte die Trauer.

Es war mir eine Bürde und eine Freude zugleich, während der letzten Jahre ihres Lebens erst meine Schwiegermutter und dann meine Mutter zu pflegen. Es tut gut, jetzt zurückzublicken und nichts bereuen zu müssen, sondern zu sehen, wie diese Monate und Jahre der Pflege in den Kreislauf des Lebens eingehen. Denn auch hier gilt die goldene Regel: geben, was wir selbst erhielten, als es soweit war, und auch für uns erbitten, wenn es soweit ist.

Schwestern

Anne Lindbergh, die Frau des berühmten Ozeanfliegers, schreibt über die Beziehung zwischen Schwestern in ihrem Buch *Muscheln in meiner Hand:*

»Nach einer Woche des Alleinseins auf meiner Insel verlebte ich eine Woche mit meiner Schwester . . . Die Beziehung zwischen zwei Schwestern ist anders als die zwischen Mann und Frau. Sie kann aber den Sinn einer Beziehung erklären. Das Licht, das eine gute Beziehung ausstrahlt, kann alle Beziehungen erhellen.

Meine Schwester und ich erwachen im gleichen kleinen Zimmer aus tiefem Kinderschlaf und hören das sanfte Säuseln des Windes in den Kasuarinen-Bäumen und das weiche schlaftrunkene Atmen der Wellen am Ufer. Wir laufen barfuß zum Strand hinunter, der sich flach vor uns dehnt ... Das morgendliche Bad erscheint mir wie eine Segnung, wie ein Taufakt zu den Wundern und der Schönheit der Erde. Wohlig durchwärmt laufen wir wieder zurück, um auf unserer Veranda heißen Kaffee zu trinken ...

Wir spülen unsere Teller ohne jedes System ... Wir arbeiten leicht und in spielerischem Einklang und stören uns nicht bei unserer Arbeit. Wir unterhalten uns, während wir den Boden kehren, abtrocknen, aufräumen ... Und da unsere Unterhaltung wichtiger ist als unsere Aufgaben, erledigen sich die Aufgaben, ohne daß wir darüber nachdenken.«

Wenn ich an die Beziehung zwischen Schwestern denke, dann fällt mir folgendes ein: dieselbe Sprache sprechen – manchmal braucht man gar keine Worte; zusammen arbeiten, sich gegenseitig herumkommandieren, ohne daß es jemanden stört; ermuntern, anerkennen, erziehen, verbessern, vergeben, trösten, ausruhen, aber vor allem vertrauen und verstehen. Gibt es eine engere Beziehung?

Für mich sind meine vier Schwestern meine engsten Verwandten. Wenn sie auch noch echte Freundinnen sind, ist das ein Geschenk des Himmels.

Was aber, wenn das nicht der Fall ist? Oft gibt es eine starke Rivalität zwischen Schwestern. Eine junge Frau erzählte mir, als ich sie fragte, wie sie über ihre ältere Schwester denkt: »Manchmal möchte ich am liebsten meine Klauen in sie schlagen.« Sie gestand, daß das eine Menge mit Eifersucht und Neid zu tun hatte. Ihre große Schwester hatte einen engeren Freundeskreis, war eine bessere Sportlerin und schien Vergnügen daran zu haben, ihre »kleine Schwester« herunterzuputzen.

Sehr oft löst sich diese Rivalität von allein auf, wenn beide älter sind und Verbündete werden statt Rivalen. Nach dem Tod sowohl meines Vaters als auch meines Mannes fand ich den größten Trost bei meinen Schwestern. Es war der Schmerz des Verlustes, der uns auf eine besondere Art verband. In allem, was mich bewegt, schreibe ich an meine Schwestern. Es ist wie atmen.

Auch die größte Konkurrenz in der Familie besteht zwischen Schwestern, aber als Erwachsene können sie die engste Beziehung entwickeln. Die meisten Frauen würden lieber mit ihren Schwestern leben, wenn sie alt sind, als mit irgend jemand anderem.

Freunde

Jesus sagt in Johannes 15,15: »Ich nenne euch nicht mehr Knechte . . . ich habe euch Freunde genannt.« Sicher ist mir die Freundschaft mit Gott am allerwichtigsten – danach kommen meine Freunde auf Erden. Sie hören mir aufmerksam zu. Sie sind meine Ermutiger. Sie ermutigen mich, wenn ich hohe Berge zu besteigen habe, und geleiten mich durch schwieriges Gelände. Freunde sind meine Tröster, wenn ich falle; sie helfen mir, wieder aufzustehen und den Blick auf das endgültige Ziel nicht zu verlieren. Wenn wir miteinander sprechen, hören sie aufmerksam zu und sagen offen, was sie meinen. Ihr Rat gibt mir

Kraft für die nächsten Schritte. Ich weiß, ich kann auf sie zählen; sie sind zur Stelle, wenn ich sie brauche.

Ich habe Ihnen von zwei meiner Freundinnen erzählt – Reinhild und Elisabeth –, aber es gibt noch viele andere, Frauen und Männer. Diese Freunde akzeptieren mich so, wie ich bin – aber wie Christus lassen sie mich nicht unverändert. Sie helfen mir, aus Selbstmitleid und Entmutigung auszubrechen. Ich nenne sie meinen »Kreis der Liebenden«.

Einem Freund bin ich keine Erklärung schuldig. Solch eine Freundschaft bietet unbeschreibliche Unterstützung. Freundschaften können auch Erlösung bewirken, denn Freunde können als Mittler für Gottes Gegenwart auftreten und uns in die Umarmung der Gnade Gottes einladen.

In manchen Freundschaften sind wir die Gebenden. Dann kann es sein, daß wir eine Art Geburtshelfer werden für das, was Gott in unseren Freunden ans Licht der Welt bringen will. In anderen Freundschaften sind wir eher die Empfangenden. Es ist wichtig, unsere Freundschaften im Gleichgewicht zu halten, so daß wir zeitweilig die

Gebenden und ein anderes Mal die Nehmenden sind.

In unserem Freundeskreis brauchen wir auch einen Vertrauten. Unserem Wörterbuch zufolge ist ein Vertrauter jemand, dem man seine Geheimnisse anvertrauen kann. Ich würde dieses schöne Wort in unserem Zusammenhang auch als »Doula« verstehen. Diesen ethnologischen Begriff prägte Dana Raphael, der damit jemanden bezeichnete, »der die Mutter bemuttert« oder der sich um einen Helfer kümmert. Dies ist eine anerkannte Rolle in allen Kulturen - außer in unseren westlichen. Hier stehen die Helfer häufig einem Berg von Schwierigkeiten, der sich vor dem Hilfsbedürftigen und damit auch vor seinem Helfer auftürmt, ganz allein gegenüber.

In den meisten afrikanischen Stämmen wird eine Mutter nach der Geburt eines Babys gefeiert und von der schweren Hausarbeit eine gewisse Zeit befreit, damit sie genug Kraft hat, ihr Kind zu stillen. Nach einer angemessenen Zeit der Ruhe nimmt sie ihre üblichen Pflichten wieder auf.

Mir fehlt diese Sitte sehr in unserer

westlichen Gesellschaft. Früher war die Großmutter die »Doula« für ihre Töchter, aber heute stehen die Großmütter meist selbst im Arbeitsprozeß und haben vielleicht keinen Blick dafür, was ihre Hilfe für die Zukunft der jungen Familie bedeuten könnte. Vielleicht sollten wir Kurse anbieten für »Doulas«, für Frauen, die nicht einmal verwandt sein müssen mit der Frau, die Hilfe braucht, und auch für die, die über dem Helfen zusammenzubrechen drohen.

Ich wurde gebeten, zu jungen Müttern in einer Gemeinde in der Nähe von Springfield zu sprechen. Während der Morgenveranstaltung, bei der ich sprach und Fragen aus der Gruppe beantwortete, beaufsichtigten die älteren Frauen die Kinder und kochten ein schmackhaftes Mittagessen für die jüngeren Frauen. Nach dem Mittagessen nahmen die jungen Mütter ihre Kinder und gingen heim, und nun hatten die älteren Frauen Gelegenheit zum Zuhören. Dieser Gemeinde fehlte es nicht an jungen Familien, was wenig überraschend war, wenn man sich anschaute, welche Fürsorge und wieviel Mitgefühl diese Menschen erlebten.

Wenn ich älteren Frauen vorschlug, eine junge Mutter in ihrer Nachbarschaft zu »adoptieren«, damit sie einmal in der Woche ein bißchen »Luft holen« könnte, protestierten sie oft und sagten, sie kämen sich aufdringlich vor, das auch nur vorzuschlagen. Dann erzählte ich ihnen, was die »Doulas« in meinem Leben schon für mich getan hatten.

In Titus 2,3-4 lesen wir Paulus' Anweisungen für ältere Frauen, »das Gute zu lehren, damit sie die jüngeren Frauen dazu anhalten können, ihre Männer und Kinder zu lieben, . . . gütig zu sein«. Wenn diese Worte ernstgenommen werden, kann das weitreichende Konsequenzen haben. Die jüngeren Frauen hätten jemanden, der sie ermuntert und bestärkt in der Ausübung des großartigsten Berufs der Welt: des »People Makers«.

Das Mutterherz Gottes

Ich hatte nie viel darüber nachgedacht, wie Gott uns bemuttert, bis Klaus Hess, unser geistlicher Mentor, mit uns darüber sprach. Er war schon über 80 Jahre alt, als er von den mütterlichen und väterlichen Eigenschaften Gottes sprach.

Und wir? Je älter und reifer wir sind, desto mütterlicher kann ein Mann werden, und umgekehrt desto väterlicher eine Frau.

»Kannst du mir deine liebste Bibelstelle sagen?« fragte ich Walter eines Tages. Ohne Zögern gab er Jesaja 66,13 an: »Wie eine Mutter ihren Sohn tröstet, so tröste ich euch.« Als in den Schützengräben in Rußland ein deutscher Arzt den Soldaten erzählte, daß sie nur noch 24 Stunden zu leben hätten, bevor sie entweder erfrieren oder von den Russen gefangengenommen würden, hatte Walter diese Worte ganz persönlich erfahren. Gott-Vater vergleicht sich mit einer Mutter, die ihr Kind tröstet.

Eine andere mütterliche Eigenschaft Gottes ist, daß er uns ernährt. Er ist wie eine Amme (Jesaja 25,6ff; 63,7ff): Er nährte und pflegte sein Volk in seinem vierzigjährigen Zug durch die Wüste. Jeden Tag, außer am Sabbat, wurde ihnen frisches Manna gegeben. Als sie sich über die Eintönigkeit der Speise beschwerten, versorgte der mütterliche Gott sie mit Wachteln. Tun Mütter nicht dasselbe, um die Wünsche ihrer nörgelnden Kinder zu befriedigen?

Als Elia sich am Bach Krit jenseits des Jordan verborgen hielt, sandte Gott Raben, um ihm morgens und abends Brot und Fleisch zu bringen (l. Kön. 17,6). Später, nach einem großen Sieg, mußte Elia fliehen, um sein Leben zu retten. Er saß unter einem Ginsterstrauch, fühlte sich völlig verlassen und betete. »Nun ist es genug, Herr. Nimm mein Leben!« Todmüde und erschöpft schlief er ein.

Gott stritt nicht mit ihm darüber, tat aber etwas sehr Mütterliches: Er sandte einen Engel, der ihn berührte und ihm einen Brotfladen anbot, den er gerade auf einem heißen Stein gebacken hatte. (Was Engel so alles können!) Elia aß und trank und legte sich dann wieder schlafen. Ein zweites Mal sandte Gott den Engel zu ihm, der ihn wieder berührte und sagte: »Steh auf und iß! Du hast einen weiten Weg vor dir« (l. Kön. 19,7). »In der Kraft dieser Speise« war Elia fähig, ungeheure Anstrengungen – körperliche und seelische – durchzustehen.

In meinem Arbeitszimmer hängt am Westfenster die Nachbildung eines bunten Glasfensters aus einer europäischen Kathedrale. Wenn das Licht durch das Fenster fällt, denke ich über diesen Engel nach, der ein Gewölbe abstützt. Der Engel, der alle Kräfte anspannt, ist nicht eine Art Atlas, ein Titan, der alle seine Muskeln zwingt, die schwere Last hochzuhalten. Eher ist es eine Frau, die gelassen die Last trägt.

Meine Freundin Reinhild, die mir dieses schöne Bild für mein Haus schenkte, erklärte seine symbolische Bedeutung: »Es soll die Mütter ehren«, sagte sie, »auch die Mütterlichkeit Gottes. Oft ist es die Mutter, die das Dach hält, die ihrer Familie das Gefühl gibt, beschützt zu sein, Obdach zu haben, geborgen zu sein.«

Unter dem Schutz Gottes sind wir sicher, wie wir in Psalm 91,1+4a lesen: »Wer im Schutz des Höchsten wohnt, wird im Schatten des Allmächtigen ruhen . . . Er beschirmt dich mit seinen Flügeln, und unter seinen Schwingen findest du Zuflucht.« Wenn ich einen Lieblingsvers auswählen müßte, wäre es dieser.

Wenn wir ein Dach über dem Kopf haben und beschützt sind, fühlen wir uns geborgen. Elemente sowohl von Mütterlichkeit als auch von Väterlichkeit kommen zum Tragen. Ich wußte, daß ich meinen zukünftigen Mann lieben würde, als er nach einer winterlichen Fahrt auf seinem Motorrad eine Decke über meine kalten Füße legte. Ich sah, wie seine Söhne ähnliches für ihre Frauen tun.

Ich fühle mich sicher, wenn ich zugedeckt bin mit der Wolldecke, die meine Schwester für mich gestrickt hat, oder mit dem Quilt, den meine Großmutter nähte. Er ist jetzt schon ein bißchen abgewetzt, aber er ist ein Symbol ihrer Liebe.

Der Kiga-Stamm in Ostafrika gibt Gott den Namen »Biheko«, was bedeutet »ein Gott, der jeden auf seinem Rücken trägt«. In diesem Stamm tragen nur Mütter und ältere Schwestern Kinder auf ihrem Rükken. Einer ihrer Künstler schnitzte die hölzerne Figur eines Mannes, der auf seinem Rücken ein Kind mit einem Erwachsenengesicht trägt und in seinen Armen ein schwaches Kind. Diese Schnitzerei ist ein Symbol des Gottes, der für die Menschen sorgt mit der zärtlichen Fürsorge einer Mutter, der Gott, der sagte: »Bis in euer Alter bin ich derselbe, und ich will euch tragen, bis ihr grau werdet. Ich habe es getan, und ich werde euch weiterhin tragen, ich werde euch heben und tragen und retten« (Jes. 46,4).

Mit Männern leben

Hilf einem Mann trauern

»Wir brauchen jemanden, der uns in unserer Schwäche versteht«, schrieb Walter in seinem Vorwort zu *Der mißverstandene Mann.* »Trotz Frauenbewegung und Männerbewegung ist es noch schwer für Männer, zu trauern oder über ihre Ängste zu sprechen. Sie leiden stumm. Sogar in Afrika versuchen Männer, diese Botschaft zu vermitteln. Der Besitzer eines Minibusses in Accra, Ghana, hatte auf die Seite seines Busses den Slogan gemalt: Man leidet, aber die Frau weiß es nicht.«

Ein Pastor erzählte uns von dem Verlust seines geliebten Vaters durch einen unerwarteten Herzinfarkt. Ein Jahr später starb sein Großvater. Schöne Erinnerungen an beide stiegen in ihm auf, aber er verschloß seine Gefühle hinter einem Panzer des Gleichmuts.

Wenig später ging er mit seiner Familie für einige Zeit nach Kenia. Von seinem afrikanischen Helfer, N'galu, erfuhr er, daß ein alter Mann, den sie kannten, gestorben war. Also gingen die beiden Männer - einer schwarz und einer weiß - zur Beerdigung. Als sie im Dorf ankamen, weinten alle Verwandten, sogar die Söhne des Verstorbenen. Sie wehklagten laut, und die Frauen sangen und tanzten einen Trauertanz.

Auf ihrer Heimfahrt schwiegen der Missionar und N'galu. Der Pastor, der seine eigene Trauer verdrängt hatte, mußte immerzu an die Söhne denken, die um ihren Vater geweint hatten. Ihre Stimmen verfolgten ihn. Zu Hause angekommen, standen sie beieinander und schauten zum Kilimandscharo hin. N'galu legte seine Hand auf die Schulter des weißen Mannes und sagte: »Es ist gut, um unsere Väter und Großväter zu weinen. Tränen waschen den Schmerz aus unserem Herzen.«

Das bewegte den Pastor. Er setzte sich auf die Stufen nieder und begann um seinen eigenen Vater und Großvater zu weinen. Endlich hatte er dafür Zeit gefunden. Als er ein Jahr später in die Staaten zurückging, war er ein anderer Mensch. Er hatte gelernt, zu weinen und seine Gefühle nicht zu verbergen.

Ich bin überzeugt, daß Männer ihre Gefühle nicht vor Frauen verstecken. Wenn sie in ihre Herzen schauen, sehen sie dort einfach nichts. Ich las bei Robert Bly: »Diese Taubheit beginnt früh im Leben eines Mannes. Aber Trauer öffnet die Tür zum Gefühl.« Alice Miller, die Schweizer Psychologin, schreibt: »Als du klein warst, brauchtest du etwas, was du nicht bekamst, und du wirst es auch nicht mehr bekommen. Die angemessene Reaktion ist Trauer, nicht Vorwürfe.«

Es kann eine Herausforderung für eine selbstbewußte Frau sein, ihren Mann zu ermutigen, um das zu trauern, was er nicht bekommen hat.

Liebe und Sexualität

Wenn wir eine gute Beziehung zu Männern haben wollen, müssen wir zuvor verstanden haben, was Sexualität ist und wie wir mit unserer eigenen Sexualität umgehen können.

Als Stanley Baldwin, die Frau eines englischen Premierministers im 19. Jahrhundert, ihre Töchter für die Ehe vorbereitete, schlug sie vor, daß sie am besten ihre Augen schließen und an England denken sollten, um den sexuellen Verkehr zu ertragen. Eine anständige, gottesfürchtige Frau habe kein Verlangen nach Geschlechtsverkehr, meinte sie. Er sei Teil des Sündenfalles der männlichen Natur und bedauerlicherweise der einzige Weg, Kinder zu bekommen. Die Auffassung von Leidenschaft als Folge des Sündenfalles – statt als gutem Einfall des Schöpfers – geht wahrscheinlich auf Augustin im 4. Jahrhundert zurück.

»Feiere deine Sexualität«, würde ich jeder Frau und jedem Mann raten. Gott machte uns zu körperlichen Geschöpfen. Die Bibel beginnt mit dem Körper in der Schöpfung, und sie endet mit dem Körper in der Auferstehung. Die biblische Geschichte handelt nicht von der Erschaffung einer Seele, die von einem Körper behindert wird; sie handelt von einem Körper, der samt Seele und Geist lebendig vor Gott tritt.

In 1. Mose 1,27 lesen wir: »Gott schuf den Menschen zu seinem Bilde, zum Bilde Gottes schuf er ihn, und schuf sie als Mann und Frau.« Es sind Mann und Frau zusammen, die Gottes Ebenbild widerspiegeln. Sexualität gehört also zu Gottes Ebenbild, und sie ist es, die uns zur Intimität führt. C.S. Lewis sagte einmal: »Sexuelle Anziehungskraft ist der notwendige Funke, der den Motor der Ehe anfangs zum Laufen bringt; aber auf die Dauer braucht er eine ruhigere, beständigere, gebende Liebe als Treibstoff.«

Bei John und Paula Sandford las ich: »Gott schuf uns, damit wir Sex genießen. Er vereinte unsere sensiblen Seelen mit fein ausgeklügelten, erstaunlich starken, gefühlvollen Körpern und schenkte uns dadurch Segen und Glück in der sexuellen Vereinigung. Nichts, was wir mit unserem Körper ausdrücken können, ist so heilig und völlig erfüllend wie die sexuelle Vereinigung. Gott schuf sie als Erfrischung, Erfüllung, Erholung, Neuorientierung, Entlastung, Gemeinsamkeit, Zeugung, Heilung; als Lektion im Lieben und Üben der Sensibilität; als Weiterentwicklung der

Kunst, unser Leben für den anderen zu geben; als Vervollständigung, Eingang in das Königreich Körperlichkeit, Dankbarkeit, Verlangen, Hoffnung, Ausdauer, Spaß, Lachen, Mystik, Umarmen und so weiter durch eine unendliche Segensliste. Sie ist vielleicht Gottes bestes körperliches Geschenk für die Menschheit.«

Sexuelle Intimität ist auch während der mittleren Jahre wichtig, wenn oft beide, Mann und Frau, unter Streß stehen. Hier wenden sie sich einander zu – körperlich, gefühlsmäßig und geistig – und entdecken die Kraft, die darin liegt, daß sie ein Paar sind *(Couple Power)*.

In unseren Quiet-Waters-Seminaren für Paare und Alleinstehende sprachen wir ausführlich über die drei wesentlichen Punkte einer Ehe, bezogen auf 1. Mose 2,24: Verlassen, sich anbinden (Treue) und ein Fleisch werden. Wenn einer von diesen dreien fehlt, wird das Ergebnis eine kranke Ehe sein. Ohne gute sexuelle Beziehung ist die Ehe unbefriedigend. Ohne wahre Treue wird sie leer sein. Ohne aktives Verlassen gestohlen.

Eine beständige Ehe

Jim und Sally Conway entwickelten folgende zehn Merkmale einer beständigen Ehe aus Umfragen bei Paaren, deren Ehe Krisenzeiten überlebt hatten:

1. Das Versprechen, verheiratet zu bleiben und der Ehe höchste Priorität zu geben
2. Die Fähigkeit zu kommunizieren
3. Persönliches geistliches Leben
4. Konflikte lösen können
5. Beziehungen zu anderen – ein Freundeskreis
6. Sexuelle Intimität
7. Freude, Freizeit und Humor teilen
8. Realistische Erwartungen
9. Gegenseitiges Dienen und gemeinsame Führung
10. Persönliches Wachstum

Wenn Sie Ihre Ehe auf einer Skala von 1 bis 10 beurteilen sollen, wo würden Sie sich selbst, bezogen auf jedes von diesen zehn Merkmalen, einordnen?

Kürzlich las ich die ergreifende Geschichte einer Frau, die nach zehn Jahren in eine schwere Krise geraten war. Pat Williams war Manager eines der besten Baseballteams des Landes, für seine Frau Jill blieb da keine Zeit. Das ging so weit, daß alles Gefühl für ihren Mann in ihr erstarb. Sie konnte mit ihrem Mann nicht mehr reden, hatte nicht einmal mehr Worte für ihn. Ihr Herz war wie tot. Als der Mann das merkte, begann er, um seine Frau zu werben, um sie zurückzugewinnen. Anfangs hatte sie Angst, nur wieder verletzt zu werden, und verschloß ihr Herz wie in einem Stahlpanzer. Ihre Liebe war gelähmt. Pat gab aber nicht auf und umwarb sie auf vier verschiedenen Ebenen. Ein Arzt hatte sie entwickelt, und mit dem Akronym B-E-S-T lassen sie sich gut merken: B-berühren, E-erbauen, S-segnen, T-teilen.

- Berühren zeigt, daß der eine Partner um den anderen besorgt ist. Berühren kann Ängste beschwichtigen, Schmerz lindern, trösten und das Bewußtsein emotionaler Sicherheit geben.
- Erbauen heißt: aufbauen, ermutigen, sich gegenseitig unterstützen und bejahen.
- Segnen: gute Worte, Freundlichkeiten, Dankbarkeit, Fürbitte für den Partner.

- Teilen: sich selbst geben, dem Partner zuhören, teilnehmende Feinfühligkeit entwickeln, wie die Liebe vertieft werden kann.

Diese vier Elemente können jede Ehe verwandeln. Sie veränderten auch die Ehe von Pat und Jill. An dem Tag, als Pat den ersten Funken einer Erwiderung spürte, rief er den Arzt an: »Warum brauchte ich zehn Jahre, um das zu entdecken? Warum finde ich das jetzt erst heraus?«

»Aus drei Gründen«, entgegnete dieser langsam und bedächtig: »Wir Männer lernen sehr, sehr langsam, wir sind sehr stur und sehr egoistisch. Seien Sie dankbar, daß Sie es erkannt haben. Manche Männer lernen es nie - und wenn, ist es oft zu spät.«

Jill lernte auch, auf ihren Mann einzugehen, und zusammen fanden sie die Definition von Liebe bestätigt: »Liebe ist eine Kraft, die Liebe erzeugt, während ich lerne, sie zu geben, statt mich anstrenge, sie zu bekommen.«

Oder in den Worten Ricarda Huchs: »Liebe ist das einzige, das wächst, wenn wir es verschwenden.«

Meine Geschichte

In einem Brief, den mir Walter kurz vor unserer Hochzeit schickte, beschrieb er, wie er als Mann seine Gefühle zu verbergen suchte. Er wollte »männlich« erscheinen, als wir uns nach einer Trennung von zwei Jahren wiedersahen, und so gelang es ihm sehr gut vorzugeben, daß er Herr seiner Gefühle sei. Seine Mutter hatte mir von seiner großen Sensibilität und seinem Mitgefühl erzählt, die sie für seine Arbeit als Pfarrer und Seelsorger als einzigartiges Geschenk erachtete. Ich muß jedoch zugeben, daß es mir in den ersten Jahren unserer Ehe oft schwerfiel, diese Charakterzüge in ihm zu erkennen.

Es war eines meiner geheimsten Gebete während der 27 Jahre, in denen ich Walter Trobischs Frau war, daß ich eines Tages Tränen in seinen Augen sehen würde. Er hatte mir erklärt, daß er seit seiner Erfahrung als achtzehnjähriger Infanteriesoldat in der Schlacht von Stalingrad nie mehr in der Lage war zu weinen. Obwohl er eine glückliche Kindheit hatte, wurde ihm in seiner Jugend beigebracht, daß Männer ihre Gefühle nicht zeigen. Dann kam der Krieg – unvorstellbar schrecklich –, und schließlich studierte er Theologie, wo wieder kein Platz für eigene Gefühle war.

Mein Gebet wurde erhört. Nach fast zehn Jahren Ehe waren wir sechs Wochen getrennt. Kamerun war im Begriff, unabhängig zu werden, und das christliche College in Kamerun, an dem wir lehrten, befand sich in einer gefährlichen Kampfzone. Ich erwartete ein Baby, und zur Geburt mußte ich in unser 1.500 km entferntes Missionskrankenhaus fliegen, wo die politische Situation ruhig war. Als Walter das Telegramm mit der Nachricht über die glückliche Geburt seines dritten Sohnes Stephen Walter erhielt, erzählte er mir später, daß sich seine Augen mit Tränen der Freude und Erleichterung gefüllt hätten. Später sah ich seine Tränen selbst: Tränen der Trauer über Sünde, Tränen der Sorge um unsere bald erwachsenen Kinder. Wir beide lernten, die Schmerzen hinter den Gefühlen, die wir hatten, zu sehen, und das gab unserer Ehe eine neue Dimension.

Aber ich greife vor. Es fing alles viel früher an.

Als ich Mitte zwanzig war, arbeitete ich fast zwei Jahre lang als Missionslehrerin in Französisch-Kamerun. Einmal in der Woche erhielten wir unseren Postsack. Ich hatte nur Augen für kleine blaue Briefe von einem jungen Vikar in Ludwigshafen. Walter hatte mir einen Heiratsantrag gemacht, und am 15. Oktober 1951 hatten wir unsere Verlobung gefeiert - in zwei verschiedenen Kontinenten. Ich erinnere mich daran, daß ich an diesem Abend in einem Orangenwäldchen bei der Missionsstation spazierenging. Es war eine romantische Stimmung, das Mondlicht in der afrikanischen Nacht und der Duft der Orangenblüten. Aber mein Herz rebellierte. War das eine richtige Verlobung? dachte ich. Wir wollten sie geheimhalten, wenigstens bis wir einen Hochzeitstermin setzen konnten.

Schließlich ging die Wartezeit zu Ende. Während einer Konferenz unserer Missionsgemeinschaft erzählte ich meinen Mitarbeitern von meiner Verlobung, und es wurde beschlossen, daß ich am Ende des Schuljahres Sonderurlaub bekäme. Meine Schwester hatte mir ein Schnittmuster geschickt, außerdem Satin und geprägten Organdy, und ich verbrachte jeden Samstagnachmittag glückliche Stunden damit, mein Hochzeitskleid zu entwerfen und zu nähen. Wir hatten keinen Strom, deshalb nähte ich alles auf einer kleinen, tragbaren Nähmaschine, deren Rad ich per Hand drehte. Als ich fertig war, führte ich es meinen Studentinnen vor. (25 Jahre später trug meine älteste Tochter das gleiche Hochzeitskleid in Cambridge, Massachusetts.)

Der letzte Tag an der Schule war endlich da. Meine Koffer waren gepackt und auf einen LKW verstaut für die Tagesfahrt nach Ngaoundéré. Dort sollte ich einen Flug nach Fort-Lamy, Tschad, bekommen und von dort aus einen Nachtflug nach Paris. Ich erlebte eine Art Kulturschock, als mir an Bord des Air France-Flugzeuges klar wurde, daß ich keine freundlichen afrikanischen Gesichter mehr um mich hatte. Ich hatte die kalte, irgendwie abweisende »weiße« Welt betreten. Mich fröstelte, als ich meinen Platz in dem eleganten Flugzeug einnahm.

Wo war die Begeisterung, die Zuversicht, die ich erwartet hatte, wenn es einmal soweit wäre? Ich konnte nicht schlafen, als wir in dieser Nacht über die Sahara flogen. Ich dachte an die Worte von Theo Bovet, dem ersten christlichen Eheberater in Europa: »Erst wählst du den, den du liebst, und dann liebst du den, den du gewählt hast.« Ich hatte kein bestimmtes Gefühl, wußte nur, daß die Richtung stimmte.

Zwei Tage später saß ich im Zug Paris-Kaiserslautern. Wenn ich aus diesem Zug ausstieg, würde ich einen Mann treffen, den ich zwei Jahre nicht gesehen hatte, einen Mann, der eine andere Sprache sprach und eine andere Herkunft hatte. Im Zweiten Weltkrieg kämpfte er auf der einen Seite und meine beiden älteren Brüder auf der anderen. Die Narben des Krieges entstellten noch das Bild, das sich bot, wenn ich aus dem Zugfenster sah.

Es war der 15. Mai 1952, und in zwei Wochen würden wir in Mannheim heiraten. Ich hatte einen versiegelten blauen Umschlag in meiner Handtasche, sicher neben meinem Paß verstaut. Auf dem Umschlag standen die Worte: »Nicht öffnen, bevor der Zug fährt.«

Ich war allein in meinem Abteil, als ich den Brief herausnahm, der in Deutsch geschrieben war, in Walters kühner, gleichmäßiger Handschrift, und ich fing an zu lesen:

Liebe Ingrid!

Dies ist eine der größten Stunden Deines Lebens. In wenigen Stunden wirst Du einem Menschen begegnen, wie Du noch nie einem Menschen begegnet bist. Es wird eine Begegnung voll letztem Ernste sein. Du wirst dem Menschen begegnen, mit dem Du Dein Leben teilen willst. Was er ist und wie er ist – alles wird entscheidend sein für Dein eigenes Leben. Das ist das Einzigartige an dieser Begegnung.

Der Mensch, dem Du begegnest, ist ein Mensch – kein Gott. Er hat viele Fehler und Schwächen und liegt im ständigen Kampfe mit sich selber. Er möchte darum nicht vergöttert sein. Er möchte nur so sein dürfen, wie er ist, und so, wie er ist, geliebt werden.

Der Mensch, dem Du begegnest, ist ein Mann. Damit soll gesagt sein: Er wird seine innersten Gefühle zunächst verbergen, weil er glaubt, daß es unmännlich sei, sie preiszugeben. Während sein Herz überwältigt ist von der Größe des Augenblicks, wird er so tun, als geschehe Alltägliches. Er wird wahrscheinlich in den ersten Minuten in die Besprechung der nächstliegenden praktischen Dinge fliehen und froh sein, daß sie da sind. Jede innere Bewegung wird er zu verbergen suchen und stolz darauf sein, wenn es ihm gelingt. So töricht ist eben ein Mann. Darum darf Dich das alles nicht irremachen. Wie er wirklich ist, mußt Du erfühlen.

Aber er will nicht immer so sein. Er will nur schnell über die ersten Minuten der Verlegenheit hinwegkommen und Dich in eine Einsamkeit führen, in der er Dich allein hat und in der er sich Dir offenbaren kann.

Er hat sich noch nie einem Menschen so geöffnet, wie er sich Dir öffnen will. Er zittert deshalb auch vor der Begegnung mit Dir. Denn er weiß, daß Du der Mensch sein sollst, von dem er sich durchschauen lassen will wie von Gott. In dem Zittern aber ist eine heilige Freude, daß so ein Mensch da ist.

Er liebt Dich. Er ist fest entschlossen, zu Dir ja zu sagen, wie Du bist. Dieses Ja fällt ihm leicht, denn er weiß, daß er es zu keinem anderen Menschen sagen könnte.

Er liebt Dich. Er ist bereit, sich selbst für Dich aufzugeben, und rechnet damit, daß er aus dieser Begegnung mit Dir anders hervorgeht, als er hineingegangen ist. Von keinem anderen will er sich ändern lassen, aber von Dir erwartet er es. Er schämt sich vor Dir nicht.

Er liebt Dich. Er möchte Dich beschenken dürfen mit allem, was er hat. Gott hat ihm manches gegeben. Es freut ihn nur, wenn er es Dir auch geben darf. Für sich allein möchte er nichts mehr haben. Mit seinem Wirken, seinem Einsatz, seiner Arbeit möchte er Dein Herz erobern.

Der Zug wird nun nicht mehr oft halten, bis er vor Dir steht. Du mußt ganz ruhig sein. Denn die großen Gottesstunden unseres Lebens wirken sich dann am mächtigsten aus, wenn wir ihnen stillehalten.

Dein Walter.

Vielleicht habe ich erst jetzt, 40 Jahre später, begonnen zu verstehen, was Walter mir in seinem Brief mitteilen wollte. In diesem Brief war wenig Romantisches, aber viel Liebe. Noch heute schöpfe ich aus diesem Vorrat der Liebe, die über das Grab hinausgeht und ein Spiegelbild der Liebe Gottes ist.

Mit Kindern leben

Es war einmal ein weiser alter Chinese, der jeden Morgen einen Spaziergang durch sein Dorf machte. Die Leute zeigten ihre Verehrung, indem sie sich vor ihm verneigten. Auch er zog seinen Hut und verneigte sich tief, aber nur, wenn er ein Kind traf. Das ärgerte die Ältesten des Dorfes. »Warum grüßt du uns nicht mit einer Verbeugung?« fragten sie.

»Ich weiß bereits, wer ihr seid«, war seine Antwort. »Aber ich weiß nicht, was aus diesem Kind einmal wird.«

»Wenn du ein Kind anschaust, siehst du Jesus Christus«, sagte Martin Luther einmal. Jesus sagte: »Und wer ein solches Kind um meinetwillen aufnimmt, der nimmt mich auf« (Matth. 18,5).

Wenn Du respektiert werden willst, erweise Respekt

Die Erschaffung neuen Lebens ist ein Zeichen Gottes, daß er diese Welt noch nicht aufgegeben hat. Er beginnt jedesmal von neuem, wenn ein Kind geboren wird. Das

Oberhaupt des robusten und fleißigen Chagga-Stammes am Fuße des Kilimandscharo pflegte seine Männer zusammenzurufen und zu sagen: »Paßt gut auf die schwangere Frau auf. Sie ist die wichtigste Person in unserem Stamm.« Kein Wunder, daß die Frauen dieses Stammes besonders während der Schwangerschaft selbstbewußt waren und königlich einherschritten. Die ganze Zukunft ihres Landes lag bei ihnen. Ein Kind, das solche Mütter und solche Väter um sich hat, wird hochgeschätzt und bestätigt. Es wird sich zu einem selbstbewußten Erwachsenen entwickeln, voller Unternehmungsgeist und fähig, Probleme zu lösen.

Mein Mann und ich leiteten ein Seminar für schwarze südafrikanische Führungskräfte, von denen viele Pastoren waren. Einer von ihnen war ein Polizeioffizier. Man erzählte mir, daß, wo immer dieser Mann stationiert war, Ordnung ohne Unterdrückung herrschte. Ich fragte ihn, ob er mir sein Geheimnis verraten würde. Seine Antwort war einfach: »Wenn du respektiert werden möchtest, erweise Respekt.«

Es macht mich traurig, wenn ich Eltern,

Lehrer und andere Erwachsene sehe, die diese Grundregel in ihrer Beziehung zu Kindern nicht kennen – »Wenn du respektiert werden möchtest, erweise Respekt«. Ein Kind ist kein Spielzeug, kein Ding, sondern eine Person, die geachtet, geliebt und erzogen werden muß.

Vergewaltigt und mißbraucht

Nicht wenige Frauen peinigt die Erinnerung an eine Vergewaltigung, die sie von Vater, Bruder, Onkel oder einem anderen Erwachsenen erlitten, dem sie vertraut hatten. Für diejenige, die körperliche, verbale, emotionale oder sexuelle Gewalt erdulden mußte, ist es wichtig, sich diesem Tatbestand zu stellen und, wenn irgend möglich, den Täter zu stellen. Letzteres ist nötig, um Taten und Gefühle offenzulegen. Aber damit werden auch Türen ins eigene Gefühlszentrum geöffnet – jenes Zentrum, das den Zugang zu allen anderen Räumen des seelischen Hauses erlaubt. Dem Schmerz der Vergangenheit endlich Raum geben, ihn zugeben, sich ihm stellen – das schenkt einem Menschen einen ganz wesentlichen Teil seiner selbst zurück. Das ist ein Geheimnis, das viele Frauen noch entdecken müssen.

Man sagt, daß nahezu jede zehnte Frau sexuell mißbraucht worden ist. Diese Frauen haben das Gefühl, sie seien schmutzig, wertlos. Sie sind nicht mehr sie selbst, der betreffende Mann hat sie eines Teils ihres emotionalen Selbst beraubt. So fühlen sie sich unwürdig oder sogar unfähig zu Ehe und Mutterschaft. Sie fühlen sich in einen Schmutz gezogen, der – so meinen sie – nie mehr abzuwaschen ist.

Eine Freundin von mir hat sich dieser Not gestellt. Wegen einer solchen Erfahrung mit ihrem Vater fühlte sie sich stets abgelehnt, unfähig zu Kontakten irgendwelcher Art; sie hielt emotional und körperlich Distanz. Ihr Vater war fürsorglich und ein guter Ehemann - aber der Mißbrauch legte seine schweren Schatten auf alles, was er tat.

Sie wußte nicht, wie sie es ihrer Mutter sagen sollte, und verschwieg es ihr schließlich. Sobald sie konnte, verließ sie das Elternhaus, um ihr eigenes Leben aufzubauen – doch der erlebte Mißbrauch bestimmte die Beziehungen zu Männern. Nach vielen Jahren schrieb sie mir:

»Ich bezweifle, daß irgend jemand wirklich vergeben und vergessen kann, wenn nicht Gottes Liebe hilft und seine Versicherung, daß wir in ihm o.k. sind!«

Sie hat diese Liebe erfahren und weiß: »Ich bin o.k.«

Selbstvertrauen geben

Wir müssen früh anfangen, wenn wir selbstbewußte Kinder haben wollen. Ohne selbstbewußte Mütter, Lehrer, Großeltern werden wir keine selbstbewußten Kinder haben. Das ist der Grund, warum Erziehung lange vor der Geburt eines Kindes beginnt. Das Sprichwort sagt: »Wenn du ein Kind richtig erziehen willst, mußt du 25 Jahre vor seiner Geburt anfangen.« Unsere eigenen Erfahrungen im Familienleben spielen eine große Rolle bei der Erziehung unserer Kinder.

Die Rolle des Vaters ist ein grundlegendes Element im Familienleben. Er ist der erste Mann, den eine Tochter kennt, und bestimmt wesentlich ihre spätere Haltung zu Männern. Genauso ist die Mutter die erste Frau, der der Sohn begegnet. Eltern legen das Fundament für Selbstachtung und Selbstannahme, die notwendig für jede Liebesbeziehung sind. Sie legen auch das Fundament für die Achtung des anderen und für dessen Angenommenwerden, was für jede Gemeinschaft unerläßlich ist. Kinder müssen wissen, daß sie einzigartig sind, erschaffen als Ebenbilder Gottes.

Neugeborene brauchen Nahrung, Wärme und Sicherheit, die sie am besten an der Mutterbrust erhalten – an der Quelle wechselseitigen Vertrauens.

Sobald die Kinder ihre Mahlzeiten am Tisch einnehmen können, werden Gespräche am Familientisch außerordentlich großen Einfluß auf das Leben des Kindes ausüben. Eine Mutter erzählte mir, daß sie bei der Vorbereitung des Abendessens auch für die Gesprächsthemen beim Essen bete. Wir könnten viel lernen, wenn wir uns während der Mahlzeiten mit einer versteckten Videokamera aufnähmen. Manchmal müssen quengelnde und weinerliche Kinder einfach einmal hören, wie das klingt, und Mütter sagen vielleicht ganz überrascht: »Ich wußte gar nicht, daß meine Stimme so schrill ist. Ich muß daran arbeiten.«

Gute Umgangsformen sind ein weiteres Ziel der Familienerziehung. Gutes Benehmen heißt einfach, daß der andere wichtig ist. Gute Umgangsformen zeugen immer von Rücksichtnahme gegenüber anderen und erinnern uns daran, daß wir nicht der Mittelpunkt der Welt sind. Kinder gewinnen Selbstvertrauen, wenn sie wissen, wie sie in einer bestimmten Situation handeln sollen, z.B. wenn sie Fremden vorgestellt werden, wie sie sich bei Tisch verhalten sollen, bei einer Einladung . . .

Kleine Kinder brauchen einen geregelten Tagesablauf mit Mahlzeiten, Spielen und Schlafen. Später müssen sie lernen, sich an Stundenpläne und Arbeitszeiten zu halten. Bei uns zu Hause begannen wir keine Mahlzeit, bis alle Familienmitglieder anwesend waren und das Tischgebet gesprochen wurde. Niemand verließ den Tisch ohne Erlaubnis. Ich mag die skandinavische Sitte, daß jedes Kind sich bei der Mutter für das Essen bedankt, bevor es den Tisch verlassen darf.

»Wie du bist, spricht so deutlich, daß es das überdeckt, was du sagst!« Diese Aussage ist besonders zutreffend bei der Kindererziehung. Vorbild zu sein, ist ein Prozeß. Als Eltern müssen wir ein beständiges Verlangen haben, vor Gott zu integren Persönlichkeiten zu werden. Unsere Kinder übernehmen ungewollt dieses Verlangen. Und wie wir uns bemühen, Gott in unserem Heim zu gefallen, werden unsere Kinder lernen, daß ihm zu gefallen die wichtigste Aufgabe schlechthin ist.

Ich bin überzeugt, daß zuversichtliche Kinder so viel Spaß daran haben zu erforschen, was richtig ist, daß ihnen wenig Interesse für das Falsche bleibt.

George MacDonald, der große schottische Christ und Erzähler des letzten Jahrhunderts, hatte ein harmonisches Ehe- und Familienleben. Seine Gäste waren erstaunt über die Liebe und den Respekt zwischen Eltern und Kindern. Er schrieb einmal: »Laßt uns nicht unsere Kinder erziehen, daß sie Gutes tun – sondern so, daß es ihnen unmöglich ist, Böses zu tun.«

Wir sind als Eltern nur so wirksam, wie wir es als Partner sind. Ich habe Vätern oft gesagt: »Wenn du deine Kinder lieben möchtest, liebe die Mutter der Kinder!« Das gleiche gilt auch für Mütter: »Wenn du deine Kinder lieben möchtest, liebe den Vater der Kinder!«

Aber was ist mit der alleinerziehenden Mutter, deren Ehemann sie verlassen hat – durch Scheidung oder Tod, oder weil sie niemals verheiratet war? In 1. Mose 16 lesen wir die Geschichte von Hagar, die unverheiratet und schwanger ist. Sie wird Abrahams Sohn gebären und ist in einer scheinbar hoffnungslosen Situation. Sie ist in die Wüste geflohen, weil sie Streit hatte mit ihrer Herrin Sara. Auf wundersame Weise sorgt Gott für einen Brunnen, als sie beinahe verdurstet. Der Name der Quelle ist Beer-Lahai-Roi, das bedeutet »Brunnen des Lebendigen, der nach mir schaut«. Der Engel des Herrn befiehlt Hagar, zu ihrer Herrin zurückzugehen. Dort wird sie einen Sohn gebären, Ismael, dessen Namen bedeutet »Gott hört«.

Später, als Ismael ein Teenager ist, hat er keine Achtung vor Sara und ihrem Sohn Isaak. Dieses Mal greift Abraham ein und schickt sie fort. In der Wüste sehen sie dem Tod ins Auge. Als ihr Wasservorrat zur Neige geht, sorgt Gott für sie, und später macht er aus Ismaels Nachkommen ein großes Volk.

Hagars Geschichte ist eine Ermutigung für alleinerziehende Mütter, die in einer verzweifelten und hoffnungslosen Situation sind. Da ist ein Lebendiger, der sieht sie und sagt: »Wer Durst hat, komme zu mir und trinke« (Joh. 7,37b).

Wenn der leibliche Vater fehlt, brauchen die Kinder eine Vaterfigur – einen Onkel, Großvater, Jugendarbeiter, Cousin, Nachbarn. In manchen Vierteln in New York, wo vorwiegend Schwarze und viele alleinstehende Mütter wohnen, wurde folgende Beobachtung gemacht: Jungen, die im ersten, zweiten und oft im dritten Schuljahr gut mitkamen, wurden für die Lehrerinnen immer schwerer zugänglich, als sie älter wurden. Sie schienen auch ihren Respekt vor Frauen im allgemeinen zu verlieren. Als dann eine Gruppe schwarzer Männer als freiwillige Mentoren und Ersatzväter an die Schulen kamen, verbesserte sich das Verhalten der Jungen merklich. Bis dahin hatten sie oft keine männliche Autorität im Leben gehabt und liefen Gefahr, Frauenhasser zu werden.

Kinder können nur im Zusammenleben mit anderen erfahren, wer sie sind. Nur wer sie gut kennt, kann ihnen hilfreiche Auskünfte über sie selbst geben. Eltern allein sind nicht genug, um dies alles an ihre Kinder weiterzugeben. Ein afrikanisches Sprichwort sagt: »Es braucht ein ganzes Dorf, um ein Kind richtig aufzuziehen.« Jeder Jugendliche benötigt wenigstens einen erwachsenen Mentor, der in ihm alles Gute sieht, besonders wenn der Vater nicht da ist.

Kindern ihre Geschichte geben

Ein weiser Vater erzählte uns, wie seine Söhne ihrer siebenjährigen Schwester Mary Ellen das Leben schwer gemacht hatten. Sie neckten sie besonders gern, wenn die Familie zum Abendessen zusammensaß. Mike, der Vater, sagte zu ihnen: »Schaut euch Urgroßmutter Mary Ellen an. Eines Tages wird sie das sein. Würdet ihr eure Urgroßmutter so behandeln?« Den Jungen stockte der Atem, da sie ihre Urgroßmutter kannten und respektierten.

Unseren Kindern einen Sinn für Zeit und Geschichte zu geben, ist eine wahre Herausforderung. Als mein Enkel Charles fünf war, fragte er mich eines Tages: »Ingma, bist du eine Blaue oder eine Graue?« Er wollte wissen, auf welcher Seite ich im amerikanischen Bürgerkrieg war. Sein Vater hatte ihm aus der Geschichte des Sezessionskrieges vorgelesen. Ich erzählte ihm, daß ich weder eine Blaue noch eine Graue war, denn meine Urgroßväter waren zu dieser Zeit noch in Schweden. Einer von ihnen war sehr groß und schlank und gehörte zur Garde des Königs. Das schien ihn zu befriedigen.

Als Kinder konnten wir nicht genug kriegen, wenn unsere Eltern uns von unseren Urgroßeltern erzählten, die mit Segelschiffen über den Atlantik kamen. Die Cholera war auf einem der Schiffe ausgebrochen, und viele der Passagiere starben. Einer von ihnen war ein anderthalbjähriger kleiner Junge. Sein Name war Peter Andrew, und sein Vater Daniel war mein Urgroßvater. Meine Urgroßmutter Anna konnte den Anblick nicht ertragen, als der Körper ihres kleinen Jungen dem Ozean anvertraut wurde. Die Tochter Sophia mußte dem Vater Daniel beistehen. Später hatten Daniel und Anna einen weiteren Sohn, der in ihrer neuen Heimat geboren wurde. Sein Name war Henry Edward, und er war mein Großvater.

Ich habe Henrys Bild in meinem Arbeitszimmer. Er war ein Geschäftsmann und half, einen Eisenwarenladen in der Pionierstadt Keamey in Nebraska zu führen, bevor er Landwirt wurde. Ich besuchte die Bethany Church in Axtell, zu der seine Familie vor hundert Jahren gehörte und wo Henry ein Ältester war. Ich fand auch heraus, daß Henry und Tillie, meine Großmutter, zusammen eine Sonntagsschulklasse in Bethany unterrichteten.

Ich hatte mich in diesen Großvater, den ich niemals gekannt hatte, verliebt. Henry starb tragisch nach einem Sturz aus seinem Wagen. Die Pferde waren ihm durchgegangen, kurz nachdem er eine Ladung Weizen für die Mission verkauft hatte.

Meine Tante beschrieb meinen Großvater folgendermaßen: »Er war ein Mann mit Disziplin - ein Mann der Ordnung und Fürsorge. Aber er war auch liebevoll und zärtlich. Wenn einer von uns Geburtstag hatte, konnten wir uns auf etwas Besonderes freuen. Das Geburtstagskind durfte während der Morgenandacht auf Vaters Schoß sitzen. Es gab keinen besseren Platz. Er konnte sich wie ein Kind freuen, auch auf Weihnachten.«

Zu wissen woher wir kommen, hilft uns herauszufinden, wer wir sind. Mein eigenes Selbstbewußtsein ist gestärkt, wenn ich an meinen Großvater denke und mir vorstelle, welch ein sicherer Platz sein Schoß gewesen sein muß.

Eine Mutter in Tansania schaukelte ihr Baby in den Schlaf, indem sie ihm die Liste ihrer Vorfahren vorsang. Mit jedem sanften Klaps auf den Popo des Babys nannte die Mutter den Namen eines seiner Ahnen. Dann beschloß diese afrikanische Mutter, das Baby Jesus solle sein eigenes Schlaflied haben. So machte sie ein Lied für ihn, indem sie die biblische Ahnenliste sang. Hier ist der Refrain des Liedes:

> Sei still, kleiner Jesusjunge, Halleluja.
> Trockne Deine Tränen, Jesusjunge,
> Halleluja.
> Süßes Kind von Maria, Halleluja.
> Schatz von Josef, Halleluja.

Bei meinen eigenen Kindern fand ich es hilfreich, jedes Kind wenigstens einmal in der Woche wie ein Einzelkind zu behandeln. Wir gingen zusammen spazieren und einkaufen, wir bastelten, spielten oder lasen miteinander.

Das Geheimnis des Loslassens

Jeder Familienpsychologe, jeder Seelsorger, eigentlich jeder vernünftige Mensch sieht die Notwendigkeit, Kinder nicht nur zu haben und zu lieben, sondern auch loslassen zu können. Ich fand den letzten Schritt am schwierigsten - meine Kinder loszulassen! Zu sehen, wie meine älteste Tochter zum Internat ging, war eine herzzerbrechende Erfahrung, und ich bin nicht sicher, ob es einfacher war, als sie dann mit achtzehn ihr Zuhause in Österreich verließ, um in den Staaten das College zu besuchen. Aber ohne das Loslassen gibt es keine Wiederkehr - kein richtiges Nachhausekommen. Für eine Mutter beginnt dieses Loslassen mit dem Durchschneiden der Nabelschnur. Mütter können sich an die merkwürdige Leere des Mutterleibes erinnern, wenn die Wärme des kleinen Menschleins ihn verließ. Mutter und Kind müssen beide lernen, unabhängig zu werden.

Walter schrieb diese Tagebucheintragungen für mich, als er Katrine in der Schule für Missionarskinder in Garoua-Boulai in Kamerun besuchte. Ich hatte selbst an dieser Schule unterrichtet, bevor ich heiratete. Dort herrschte eine gute Atmosphäre, und die Hauseltern waren ganz besondere Menschen und unsere guten Freunde. Ihnen vertrauten wir unsere Kinder an. Er schrieb:

> Mittagruhe. Draußen geht ein heißer Wind über die Steppe. Er kocht und brodelt genauso wie prasselndes Feuer in einem Kachelofen an einem Winter-

tag. Die Kühle des Stübchens atmet dieselbe Geborgenheit wie ein geheizter Raum bei beißender Kälte.

Ich bin nicht allein, als ich erwache. Neben mir geht der frische, kurze Atem des Kindes, tief und regelmäßig. Es tut mir wohl, wie sie schläft. Es ist etwas Lebendiges, Wachsendes. Im Vergleich zum Geräusch des toten, tötenden Windes ist ihr helles Atmen wie ein frischer, klarer Quell.

Sie richtet sich halb auf, sieht mich, lächelt, wirft sich wieder auf das Kissen. Das wiederholt sich mehrere Male. Dann steht sie auf. Sie lächelt und sagt nichts. – Es gibt überhaupt nur zwei Gesichtsausdrücke: den Ernst des Interessiertseins bei einer Aufgabe, beim Bettenmachen, beim Essen, beim Schreiben – und dieses Lächeln.

Sie sieht die Seite, die ich schrieb, und betrachtet sie lange mit Ernst und Lächeln, als wolle sie teilnehmen, ein Stück von mir erfassen. Dann greift sie zum Bleistift und malt in ernster Versunkenheit – Herzen, lauter Herzen. Die langen Goldhaare, die sie wachsen läßt, um sich Zöpfe flechten zu können, hängen ihr dabei weit übers Gesicht.

Das Kind weint. Die häßliche Warze an der Ferse soll verschwinden. Sie klagt ganz leise, aber ihre Hand liegt fest in der meinen, als wir zum Krankenhaus gehen. Das Vertrauen ist größer als die Furcht.

Sie weigert sich standhaft, sich auf den Operationstisch zu legen. Den Kopf fest an meine Brust geschmiegt, schaut sie sitzend der Hand des Arztes zu, ohne je den Blick davon abzuwenden: das Einführen der Nadel zur örtlichen Betäubung – fünf oder sechs Stiche –, das Schneiden des Skalpells, das Zunähen der Wunde. Das Unbekannte ist dem Bekannten gewichen. Es fließt keine Träne mehr. Sie schaut aus dem Geborgenen hinaus auf das Feindliche und Fremde. Wir sind ganz eins und gehören zusammen. Als wir zurückgehen, schreitet sie aus wie eine Heldin, tief glücklich und stolz. –

Das ist doch das Leben: dieses Miteinandersein in Stille und Freude, wo nichts geschieht, nichts erfaßbar ist, nichts »fertig« wird. Warum verachten wir es? Warum leben wir nur an Tagen, die wir uns stehlen? –

»Jetzt ist mir's gleich, wenn du gehst; denn du bist lange genug hier geblieben«, erklärt sie mir am Abend des dritten Tages. Verbunden und doch ganz unabhängig – wie schön!

Die Freude der Großeltern

»Großeltern zu sein ist eine Phase im Leben, an der nichts auszusetzen ist«, sagte eine Freundin kürzlich. Ich kann nur zustimmen. Seit Walters Tod wurden mir neun Enkel und eine Enkelin geboren. In der Gewißheit, daß ich nicht 24 Stunden am Tag und jede Woche für sie verantwortlich bin, kann ich es besonders genießen, wenn sie mich besuchen oder wenn ich sie in ihrem Elternhaus besuche. Ich habe sogar eine Anzahl von »adoptierten« Enkeln, die mir die einzigartige Chance geben, ihnen zu zeigen, daß ich in sie verliebt bin. Um zu gedeihen, braucht ein Kind einen Erwachsenen, der völlig an es glaubt und der an seiner Seite ist. Das ist das Privileg von Großeltern. »Großmütter sind Mütter, die vom lieben Gott eine zweite Chance bekommen haben«, las ich in einem holländischen Buch.

Walter erzählte mir oft über seine in ihn vernarrten Großeltern, mit denen er jeden Sommer viele Wochen verbrachte. Ihre Liebe verwöhnte ihn nicht; sie half ihm, einen Sinn für seinen eigenen Wert und das Wissen über seine Wurzeln zu entwickeln.

Meine Großmutter wurde mein Vorbild, als ich die ersten zwei Jahre am Gymnasium bei ihr wohnte. Sie personifizierte für mich die zuversichtliche Frau, die in Sprüche 31,25-26 beschrieben wird:

»Kraft und Würde sind ihr Gewand, sie lacht des kommenden Tages. Sie tut ihren Mund auf mit Weisheit, und auf ihrer Zunge ist gütige Weisung.«

Es war eine verborgene Kraft an ihr, die mich an schwedischen Stahl erinnerte: Er hält überaus großen Druck aus dank der Qualität des Erzes, aus dem er hergestellt wird. Durch ihr Leben und ihren Tod lernte ich viel über das Geheimnis ihrer verborgenen Kraft. Wie meine Mutter wurde sie im Alter von 43 Jahren Witwe und war allein mit einer großen Familie.

An einem der letzten Tage ihres Lebens rief mich meine Großmutter zu sich an ihr Bett. Meine Schwestern und ich waren gekommen, um für sie zu singen. Anschließend fragte sie mich: »Ingrid, du möchtest in den Sudan gehen, nicht wahr? Du fühlst, daß es deine Berufung ist, das fortzuführen, wofür Vater Pionierarbeit geleistet hat, was er aber nicht vollenden konnte?« Ich versicherte ihr, daß das mein Wunsch war. »Dann möchte ich dir dazu meinen Segen geben«, sagte sie und legte mir ihre Hände auf.

Ich war bei ihr, als sie in ihrem Hause starb. Ihre Kinder und Enkel standen am Bett. Es war das erste Mal, daß ich dabei war, als ein Mensch, den ich liebte, aus diesem Leben schied. Sie rang nach Luft, und dann kam ein Ausdruck großen Friedens über ihr Gesicht. Kein Wunder, daß die Worte des Psalms 103,17 ein wichtiges Versprechen für mich wurden: »Die Gnade aber des Herrn währt von Ewigkeit zu

Ewigkeit über denen, die ihn fürchten, und seine Gerechtigkeit auf Kindeskind.« Ich weiß, daß ich seinen Segen und seine Liebe empfange, nicht nur, weil ich im Glauben bereit bin, sie zu empfangen, sondern weil meine Eltern und Großeltern mich segneten, schon bevor ich geboren war.

Ich bin froh, daß meine Kinder auch noch die Mutter ihres Vaters kannten. Obwohl sie ihr Heimatland noch nie verlassen hatte, war sie mutig genug, unsere Einladung anzunehmen, zu uns zu kommen und mit uns in Afrika zu leben, nachdem ihr Mann plötzlich in Leipzig gestorben war. Sie wußte, daß es kein Zurück gab hinter den Eisernen Vorhang. Drei Jahre lang unterrichtete sie afrikanische Studenten aus 30 verschiedenen Stämmen Deutsch in französischer Sprache und arbeitete an der Stelle ihres Sohnes Walter am Collège Evangélique in Kamerun. Es war die krönende Arbeit ihres Lebens.

Gleichzeitig vermittelte sie unseren Kindern einen Sinn für ihre Einzigartigkeit und ihren Wert. Sie lehrte mich, alle Möglichkeiten der Entwicklung in einem Kind zu erkennen. »Sieh dir deinen Sohn an«, sagte sie. »Er ist anderthalb Jahre alt – wie eine Knospe öffnet er sich. Jeder Tag ist aufregend, wenn du ihn und seine neuen Entdeckungen beobachtest.«

Als sie Mitte Siebzig war, erkrankte sie an einem schweren Herzleiden. Mehrere Monate vor ihrem Tod pflegten wir sie in unserem kleinen Haus in Österreich. Es war ein Liebesdienst rund um die Uhr. Walter schrieb zu dieser Zeit:

»Hannelore, die Gemeindeschwester, war es, die uns sagte: ›Wenn ein Mensch stirbt, muß alles andere zurücktreten.‹ Das war für uns ein erlösendes Wort. Hatten wir es nicht bei den Geburten unserer Kinder genauso gemacht? Warum ließen wir dem Tod weniger Recht? Als wir den Versuch aufgaben, unsere normale Arbeit noch nebenher zu tun, wurden wir ruhiger und freier.«

Wir werden niemals die Stunde vergessen, die wir mit den Kindern an Großmutters Totenbett verbracht haben. Sie stellten viele Fragen, die nicht leicht zu beantworten waren: »Wo ist sie jetzt?« »Kann sie uns sehen?« »Werden wir sie wiedersehen?« Danach hörten wir die fünfjährige

Ruth zu unserem siebenjährigen Stephen sagen: »Ich möchte auch sterben; dann kann ich bei Jesus sein!« Später erzählte sie ihrer Mutter: »Sei nicht traurig, wenn du so alt wie sie wirst. Ich werde dich pflegen, so wie du sie gepflegt hast.«

Segne die Kinder in deinem Leben

Gott, der Vater, bestätigte seinen Sohn, als er nach Jesu Taufe sagte: »Du bist mein geliebter Sohn, an dir habe ich Wohlgefallen« (Mark. 1,11).

Wieviel dringender müssen wir unseren Kindern Bestätigung und Ermutigung geben! Wir müssen sehen, wenn sie etwas richtig machen, und sie dafür loben! Ein Schulkind braucht Freundlichkeit (»Ich bin auf deiner Seite«), Ermutigung (»Du kannst das«) und Herausforderung (»Nun mach es!«). Auf diese praktische Weise können wir unsere Kinder segnen.

Wenn Eltern nichts Gutes oder keinen Wert in ihren eigenen Kindern sehen, dann können ihre Kinder auch nichts. Sie können andere nicht lieben, denn sie glauben, daß sie nichts Wertvolles haben, was sie mit anderen teilen könnten. Ich erinnere mich, daß ich gebeten wurde, zusammen mit meinem ältesten Sohn in Süddeutschland einen Vortrag zu halten. Da die Leute über dieses Mutter-Sohn-Team verwundert waren, sagte mein Sohn in seiner Einleitung zu der Versammlung: »Ich weiß, Sie wundern sich darüber, daß wir zusammen auf diesem Podium stehen. Ich möchte nun gleich zu Anfang zu bedenken geben: Wenn eine Mutter nicht an ihren Sohn glaubt, wer denn dann?«

Wir können auch ein Kind segnen, indem wir Jesu Beispiel folgen: Als man Kinder zu ihm brachte, damit er ihnen die Hände auflegte und für sie betete, sagte er: »Laßt die Kinder zu mir kommen, hindert sie nicht daran! Denn solchen gehört das Himmelreich« (Matth. 19,13-14).

Wir können unsere Kinder jeden Abend segnen, wenn wir sie zu Bett bringen. Jedes Kind geht durch schwierige Phasen. Jedes Kind hat ab und zu schlechte Träume. Da ist es wichtig, mit Kindern zu beten und für sie zu beten. Während unserer Reisen wurden Walter und ich oft von besorgten Eltern gebeten, an das Bett ihrer schlafenden Kinder zu gehen und sie zu segnen.

Kinder können auch gelehrt werden, ihre Geschwister zu segnen. In seinem Buch *Nachfolge feiern* berichtet Richard Foster über eine Erfahrung, die zeigt, wie leicht es für Kinder ist, Krankengebete zu verstehen.

»Einmal wurde ich in ein Haus gerufen, um für ein schwer erkranktes Baby zu beten. Im gleichen Zimmer befand sich auch der vierjährige Bruder. Ich sagte ihm, daß ich seine Hilfe benötigte, um für seine kleine Schwester zu beten. Er freute sich darüber und ich ebenfalls, weil ich wußte, daß Kinder oft mit ungewöhnlicher Kraft beten können. Er kletterte neben mir auf einen Stuhl, und ich sagte zu ihm: ›Wir wollen ein kleines Spiel miteinander machen. Wir wissen ja, daß Jesus immer bei uns ist. Also stellen wir uns jetzt vor, daß er uns dort auf dem Stuhl gegenübersitzt. Er wartet darauf, daß wir ihn anschauen. Wir wollen das jetzt tun, und dabei denken wir mehr daran, wie lieb er uns hat, als daran, wie krank Julia ist. Wir stellen uns vor, daß er aufsteht und zu uns herüberkommt. Dann wollen wir beide unsere Hände auf Julia legen, und Jesus wird seine Hände auf unsere legen. Wir wollen ihn anblicken und uns vorstellen, wie ein helles Licht von Jesus kommt, in deine kleine Schwester hineinströmt und sie gesundmacht. Das Licht Jesu kämpft mit den bösen Krankheitskeimen, bis sie alle verschwunden sind. Was meinst du?‹ Der Kleine nickte ernsthaft. Zusammen beteten wir in dieser kindlichen Weise, und dann dankten wir dem Herrn, daß es so geschehen würde, wie wir es ›gesehen‹ hatten. Wir wissen nicht, was geschah – aber auf jeden Fall war das Kind am nächsten Morgen wohlauf.«

Ich wohne weit weg von meinen eigenen Kindern und ihren Familien, und wir können nur bei besonderen Gelegenheiten zusammen sein. Aber ich habe ihre Bilder. Am Morgen kann ich ein Bild hervornehmen, das Kind in meinem Herzen halten und es an diesem Tag Gott anbefehlen, bevor ich an meine tägliche Arbeit gehe. Der größte Segen, den ich ihnen geben kann, ist, ihnen immer wieder zu versichern, wie sehr sie geliebt werden. Bei ihnen zu Hause höre ich auch unser altes Familiengebet:

»Die Güte des Herrn ist's,
daß wir nicht gar aus sind,
seine Barmherzigkeit hat noch kein Ende,
sondern sie ist alle Morgen neu,
und deine Treue ist groß.«

(Klagelieder 3,22-23)

Allein leben

Eine ganze Person sein

Vielleicht haben Sie niemals geheiratet oder sind nicht mehr verheiratet. Sie sind geschieden, eine alleinerziehende Mutter oder Witwe. Vielleicht beklagen Sie eine zerbrochene Freundschaft mit einem Mann. Trotz Ihrer Anstrengungen ist hier noch eine Leere in Ihrem Herzen.

Sie möchten wissen, warum Sie eher durch Ihr Single-Dasein definiert werden statt als eine Frau wie alle anderen, wie die verheirateten Frauen Ihres Alters. Das ist es, was ich in diesem Kapitel erforschen möchte – ob wir in der Beziehung zu uns selbst und zu anderen ein einheitliches Ganzes sind beziehungsweise wie wir es werden können.

Manche Frauen glauben, daß nur, wenn sie verheiratet sind, alle Dinge im Gleichgewicht sind. »Die Ehe ist kein Krankenhaus für kranke Herzen«, schrieb Hermann Oeser einmal. Ebenso ist die Ehe »keine Schulter, an der man sich ausweint«, wie eine französische Frau mir anvertraute, als sie feststellte, daß sie eine falsche Wahl getroffen und zu früh geheiratet hatte.

Erfolgreich alleine zu sein bedeutet, eine ganze Person zu sein.

Zu einer ganzen Person kann sich entwickeln, wer sich nicht nur zur eigenen Weiblichkeit, sondern auch zur eigenen Männlichkeit bekennt. Das war eine lange Reise für mich.

Ein Jahr nach dem Tod meines Mannes besuchte ich meine Freundin Esther Bradley in Dublin. Esther, eine Ärztin und Therapeutin, Ehefrau und Mutter, sagte mir, als wir über Kummer, Single-Dasein und Wiederheirat sprachen. »Ingrid, du mußt deine Wunden abbinden. Erlaube dir, stark und kreativ zu sein, zu planen und aufzubauen, mutig auszusprechen, was du ehrlich denkst, logisch zu denken und anderen den Weg zu zeigen, denn das ist Gottes Auftrag für dich. Du hast ja gesagt zu deiner Weiblichkeit. Jetzt lerne ja zu sagen zu diesem sanften und doch starken kleinen Mann in deinem Herzen.«

Wir sprachen auch über die Versuchung zu glauben, daß nur Heirat oder Wiederheirat der Weg zur Ganzheit wäre. Eine ältere Frau, die ihren geliebten Mann verloren hatte, heiratete im ersten Jahr ihrer Witwenschaft wieder. Sie vertraute ihrer Tochter an, daß sie einen Fehler gemacht hatte. »Es gibt nichts Einsameres, als mit dem falschen Mann verheiratet zu sein.«

Eine ganze Person zu werden, fordert Mut, aber es bringt reichen Lohn. Es gibt ein irisches Märchen von einem Sterblichen auf einem Zauberpferd, der mit den Feen zur Jagd reiten wollte. Er mußte entscheiden, ob er das Zauberpferd groß genug für einen normalen Menschen wünschen sollte oder ob es Feengröße behalten und er schrumpfen sollte. Er wählte die Feengröße. Er ritt fröhlich mit dem Feenkönig, bis sie an eine Mauer kamen, die so hoch war, daß er fürchtete, sein winziges Pferd könnte ihn nicht darübertragen. Aber der Feenkönig sagte zu ihm: »Wirf dein Herz über die Mauer, dann folge ihm!« So ritt er ohne Angst an die Mauer heran, und da sein Herz es bereits tapfer geschafft hatte, überwand er sie sicher.

Diese Geschichte ist eine Botschaft für selbstbewußte Frauen. Wenn wir Erfolg haben wollen, dürfen wir nicht aufgeben, wenn wir an eine Wand kommen, die unseren Weg versperrt - auch wenn es unsere Einsamkeit oder unser Single-Dasein ist. Zögern kann eine Niederlage bedeuten. Im Glauben müssen wir unsere Herzen über das Hindernis werfen und dann selbstbewußt folgen wie ein gutes Pferd und sein Reiter.

Zugehörigkeit

Um erfolgreich allein leben zu können, müssen wir ganze Personen sein und uns auch so verstehen. Das bedeutet: mit dem Alleinsein umgehen können. Ich fand mich sehr getröstet in meinem Leben als Alleinstehende im Wissen, daß »Gott die Einsamen in Familien setzt« (Psalm 68,7). Andere Übersetzungen sagen: »Gott macht ein Heim für die Einsamen«, er läßt »Einsame zu Hause wohnen«. Er gibt mir gute Freunde, Verwandte, meine Familie, Kirchen- oder Interessengruppen und erlaubt mir, denen zu helfen, die meine Hilfe brauchen, und Hilfe zu erhalten – und zu erbitten! –, wo ich sie brauche. In der Gewißheit, daß Gott sich um die Einsamen sorgt, fühle ich mich geliebt.

»Ich brauche keine Single-Gruppe«, sagte eine unserer alleinstehenden Mitarbeiterinnen kürzlich. »Ich möchte Gruppen angehören, in denen sowohl Singles als auch Paare sind. Das hilft mir, die richtige Perspektive zu finden.« Elisabeth, meine damalige Sekretärin, war noch unverheiratet, als sie meine Gesprächspartnerin bei einem unserer Eheseminare in Salzburg war. Nach dem Kurs dankte sie mir, daß ich sie mit einbezogen hatte, und sagte: »Ich sehe schon, ich entbehre einige der Freuden, die Ehepaare haben; aber mir bleibt auch mancher Schmerz erspart. Ich wußte nicht, wie schwer es ist, verheiratet zu sein.«

Eine junge Lehrerin sagte: »Verheiratete Leute sagen mir manchmal, ich solle dankbar sein, daß ich frei bin und nicht all die Verantwortung für Heim und Familie trage wie sie. Wie kann ich ihnen beibringen, daß das einzige, was ich wirklich will, gerade diese Verantwortung ist?«

Als ich diesen Gedanken meiner Tochter Katrine, in deren Zuhause oft Singles aus aller Welt zu Gast sind, mitteilte, sagte sie: »Das stimmt, sie möchten mit einbezogen und gebraucht werden, aber häufig zu ihren eigenen Bedingungen. Singles brauchen auch das Einfühlungsvermögen für die Bedürfnisse und Pläne von uns Eheleuten. Es ist oft sehr schwer für mich mit meiner großen Familie, Alleinstehenden die Zeit zu widmen, die sie gerne hätten. Eine erfolgreiche Beziehung ist eben niemals eine Einbahnstraße. Jeder von uns muß das geben, was er gerne erhalten würde.«

Am schwersten war für mich als Witwe die Tatsache, daß niemand mehr da war, für den ich die Nummer Eins war. Ich brauchte Mut dazu, meine Schutzbedürftigkeit zu akzeptieren und diese Wunde zu zeigen. Im Garten Eden sagte Gott zu Adam: »Es ist nicht gut für einen Mann (oder eine Frau), allein zu sein.« Er schuf in uns das Bedürfnis der Zugehörigkeit.

Diese Lücke ist noch in meinem Herzen. Mir dies aufrichtig vor Augen zu halten, hat mir aber geholfen, damit zu leben. Als ich mit Katrine meinen Schmerz teilte, erinnerte sie mich weise daran, daß ich von neuem zu lernen habe, mit unerfüllten Wünschen zu leben.

Liebe

Eine alleinstehende Frau mittleren Alters, die durch eine Lähmung behindert war, ließ ihren Pastor wissen, wie schwer es ist, wenn man als Behinderte von der Umwelt wie ein geschlechtsloses Wesen behandelt wird.

Das erträgt kaum eine Frau. Sie will – was immer ihr Familienstand ist –, daß die Männer sie als Frau behandeln, als Geschöpf, das attraktiv sein kann und will. Menschliche Sexualität ist mehr als körperliche sexuelle Begegnung. Die Unverheiratete will sicher sein, daß, wenn sie in den Spiegel schaut, sie ein Lebewesen sieht, das genauso Frau ist wie die Verheiratete.

Ich kann genausowenig aufhören, ein geschlechtliches Wesen zu sein, wie ich aufhören kann zu atmen. Das Verlangen nach Sexualität und Erotik ist uns genauso gegeben wie unsere Sehnsucht nach Gott.

Keine Phase im Leben dauert ewig. Eine glücklich verheiratete Frau kann im nächsten Augenblick Witwe werden. Oder eine alleinstehende Frau kann den richtigen Mann treffen und anfangen, ihre Hochzeit zu planen. Die Herausforderung, der wir uns stellen müssen, ist die gleiche, ob wir nun verheiratet sind oder nicht: ein erfülltes Leben zu leben trotz vieler unerfüllter Wünsche.

Mein Mann schrieb in *Liebe ist ein Gefühl, das man lernen muß:* »Liebe ist ein Gefühl, das auch der Ledige lernen muß. Wer nicht heiratet, braucht deshalb ja nicht auf die Liebe zu verzichten, aber er muß die Liebe lernen, die verzichten kann – genauso wie der Verheiratete sie lernen muß. Man könnte sogar sagen, daß der Wunsch, verheiratet zu sein, die Voraussetzung für ein glückliches Leben als Lediger ist. Obgleich also Verheiratete wie Ledige vor derselben Aufgabe stehen, sollten wir nicht in den Fehler verfallen und meinen, unser gegenwärtiger Zustand sei von ewiger Dauer. Wir sollten uns nicht mit der Furcht vor dem Endgültigen, Unumstößlichen belasten. Die Ehe kann eine Aufgabe für eine begrenzte Zeit sein und plötzlich mit dem Tod des Partners enden. Genauso kann auch das Ledigsein eine vorläufige Aufgabe sein.« (Seite 19-20)

Eine selbstbewußte Frau muß lernen, mit offenen Augen zu sehen, wenn sie eine Beziehung eingeht, die zur Liebe wachsen kann. Hier sind ein paar Vorschläge, die ich hilfreich fand und die helfen können, den Mann zu erkennen, von dem Gott möchte, daß Sie ihn heiraten:

- Denken Sie nicht daran zu heiraten, bevor Sie erwachsen sind. Es ist gut, wenn die junge Frau mindestens 23 oder 24 Jahre alt ist. Dann ist sie alt genug zu wissen, wer sie ist, und hat gelernt, allein zu leben. Oft brauchen Männer etwas länger.
- Schauen Sie sich sorgfältig die Familie Ihres Freundes an. Wie behandelt sein Vater seine Frau?
- Wie lange ist Ihr Geliebter schon ein Christ?
- Lassen Sie Ihrer Beziehung besonders am Anfang genug Zeit, sich zu entwik-

keln. Gehen Sie immer nur einen Schritt auf einmal.

- Der Liebe voraus geht die Achtung. Lernen Sie Ihren Freund in normaler Umgebung kennen. Waschen Sie mit ihm Wäsche. Gehen Sie mit ihm einkaufen. Putzen Sie gemeinsam das Haus für einen älteren Menschen. Tapezieren Sie mit ihm. Sie finden besser heraus, wer der andere Mensch ist, wenn Sie mit ihm zusammen arbeiten.
- Halten Sie Ausschau nach Egoismen in Ihrer Liebesaffäre. Weder der Mann noch die Frau sollte nur geben.
- Verschließen Sie sich nicht vor Warnsignalen, die Ihnen sagen, daß Ihr potentieller Partner von Grund auf untreu oder haßerfüllt ist oder daß er keine geistliche Bindung hat. Eine schlechte Ehe ist weitaus schlimmer als das einsamste Single-Dasein.
- Heiraten Sie nicht den Menschen, von dem Sie glauben, Sie könnten mit ihm leben; heiraten Sie denjenigen, von dem Sie glauben, Sie könnten ohne ihn nicht leben.

- An Heirat dürfen Sie nicht einmal denken, ohne die folgenden Fragen durchdiskutiert zu haben. Beachten Sie die Unterschiede, die Sie in Ihren Erwartungen haben:

  Möchten Sie Kinder haben? Wie bald? Wie viele?

  Wo wollen Sie leben?

  Soll die Frau arbeiten? Was passiert, wenn die Kinder geboren sind?

  Welches Verhältnis wollen Sie zu Ihrer Schwiegerfamilie haben?

  Wie soll das Geld ausgegeben werden?

  Welche Rolle spielt die Gemeinde für Sie?

Wenn die Unterschiede zu groß sind, ist es besser, wenn diese Heirat niemals stattfindet. Eine zerbrochene Verlobung ist leichter zu verkraften als eine Scheidung. Lassen Sie sich beraten. Sprechen Sie mit Ihrem Pfarrer oder einer Vertrauensperson oder nehmen Sie gemeinsam an einer Ehevorbereitung teil. Machen Sie eine Bestandsaufnahme Ihrer Beziehung, um zu sehen, ob Sie einander wirklich kennen und verstehen.

Mit der eigenen Sexualität in Frieden leben

Ich wurde gebeten, ein Wochenende mit einer kleinen Gruppe von Diakonissen zu verbringen. Sie alle hatten verantwortliche Positionen in der Leitung von großen Lehrkrankenhäusern und Ausbildungszentren in der früheren DDR. Sie hatten unsere Bücher gelesen und wollten jetzt Ratschläge - nicht nur, wie sie in Frieden mit ihrer eigenen Sexualität leben konnten, sondern auch, wie sie den Schwesternschülerinnen und vielen jungen Leuten helfen konnten, die an ihren Schulen ausgebildet wurden. Ich war beeindruckt von dieser Gruppe selbstbewußter Frauen und ihrer Offenheit im Umgang mit diesem schwierigen Thema.

Ihr Geheimnis war, daß sie zu ihrer Weiblichkeit ja gesagt und gleichzeitig gelernt hatten, auch ihre eher männlichen Talente in geeigneter Weise zu schätzen und auszuleben. Da sie ausgeglichene, vollwertige Frauen waren, konnten sie anderen alleinstehenden Frauen helfen, die vielleicht unter Abhängigkeit von Masturbation litten oder aus einer lesbischen Beziehung ausbrechen wollten.

Am besten können wir mit unserer Sexualität leben, wenn wir unsere fünf Sinne voll entdecken: Geschmack, Geruch, Geräusch, Anblick, Berührung – vieles kann die Sinne tief erfreuen: frischer Wind im Gesicht, Wasser um den Körper beim Schwimmen, ein entspannendes Bad, frische Bettwäsche, ein erlesenes Mahl, ein bestimmtes Parfüm, Sonnenblumen, Musik . . . Einmal schenkte ich einer befreundeten Diakonisse einen eleganten Hausmantel, so ganz anders als ihr nützlicher Bademantel, den sie sonst trug. Sie sah sich erstaunt im Spiegel an. Das Bild half ihr, ja zu sich selbst zu sagen und zu ihren zutiefst weiblichen Gefühlen.

Eine ältere Frau, die kürzlich Witwe wurde, besuchte mich. Mein Bruder John, der Arzt ist, umarmte sie bei der Begrüßung, ohne lange nachzudenken. Sie schrieb mir später, welch heilende Wirkung diese Umarmung auf sie hatte. »Es war das erste Mal seit dem Tod meines Mannes, daß mich ein Mann in den Arm genommen hat.«

Über die Jahre hinweg erhielten Walter und ich Hunderte von Briefen von Menschen, die Probleme mit der Selbstbefriedigung hatten. Ich meine nicht, eine vorübergehende Phase im Leben, wo dies ab und zu geschieht. Ich rede von einer Abhängigkeit, an der Alleinstehende und Verheiratete leiden.

Unsere Sexualität wurde uns als Ausdrucksmittel, als Kommunikationsmittel mit anderen Menschen geschenkt. Wenn wie im Falle der Masturbation der Geber und der Empfänger dieses Ausdrucks die gleiche Person ist, entwickelt sich ein Dilemma. Es ist wie ein Kurzschluß.

Meistens wird die Masturbation ein Symptom der Einsamkeit, des Mißverstandenseins, einer Sehnsucht nach Liebe sein. Was auf diese Art befriedigt wird, ist nicht wirklich befriedigt, sondern es bleibt eine größere Leere als vorher zurück. Oft entwickelt sich ein Gefühl des Selbsthasses statt des Gefühls gesunder Selbstachtung.

Eine junge Frau namens Elsie schrieb uns, daß sie masturbierte, um sich zu trösten, wenn sie in Sorge war. Sie bat um Hilfe, diese Angewohnheit abzulegen. Walter schrieb ihr: »In solch einem Fall mußt Du Dir eine kleine Rede zurechtlegen und sagen: ›Elsie, höre zu! Du bist entmutigt und brauchst Trost. Aber Masturbation ist kein wahrer Trost. Hinterher wirst du dich nur noch verzweifelter und einsamer fühlen als zuvor und daher mehr Trost brauchen. Also ist es besser, nicht nachzugeben. Ansonsten begibst du dich in einen Teufelskreis . . .‹«

In Frieden mit unserer Sexualität leben hat eine Menge mit unserer Selbstachtung zu tun. Allein leben schließt nicht Glücklichsein aus, und Gott schuf uns zum Glücklichsein, jetzt und in Ewigkeit. Dazu gehört Selbstachtung. Manchmal ist es die größte Herausforderung, Selbstachtung zu behalten. Hier sind einige Ideen für das Wachstum von Selbstachtung:

- Wählen Sie Ihre Freunde weise. Wir definieren uns durch die Freunde, die wir haben.
- Wählen Sie anregende, lohnende und sinnvolle Aktivitäten.
- Finden Sie jemanden in wirklicher Not, eine ältere Person, ein behindertes Kind, jemanden, der krank oder allein

ist. Versuchen Sie, diesen einen Menschen etwas glücklicher zu machen.

- Gott loben - lassen Sie Ihren Glauben Leben empfangen in der Wirklichkeit von Gottes unveränderlicher Liebe. Empfangen Sie den Segen der Liebe und des Dankes, die er Ihnen täglich gibt, und freuen Sie sich dabei!

Die alleinstehende Person braucht - wie die Verheiratete - Unterstützung, ein Netz emotionaler und persönlicher Beziehungen. Das ist nicht leicht, aber es ist das Ziel. Eine erfolgreiche Ehe zu führen ist auch nicht leicht - jeder Stand verlangt aufmerksame, auf ein lohnendes Ziel ausgerichtete Bemühung.

Unverheiratet, aber nicht allein

Viele Frauen haben sich das Alleinleben nicht ausgesucht, haben aber nicht geheiratet oder sind durch Scheidung oder Witwenschaft allein. Viele von ihnen sind alleinerziehend. In biblischen Zeiten hatte eine Frau eine ausgedehnte Verwandtschaft, an die sie sich wenden konnte, und mit arrangierten Hochzeiten blieb die Unverheiratete nicht lange allein. In unserer Kultur heute ist das anders. Beinahe jedes vierte Kind lebt mit nur einem Elternteil.

Alleinleben ist eine Energiequelle mit Möglichkeiten, die ich nicht hätte, wenn ich verheiratet wäre. Es gehört zum Erwachsensein, daß ich akzeptiere, was ich habe, und es so gut wie möglich ausschöpfe. Gott hält uns mit seinem Wort einen Spiegel vor, den einzigen, der uns unverfälscht zeigt, wer wir sind. Aber wir werden das nur erkennen, wenn wir bereit sind, unsere eigene Vorstellung von uns selbst in Frage zu stellen.

Wieder allein zu leben, war nicht meine Entscheidung. Sie wurde durch den plötzlichen Tod meines Mannes ausgelöst. Ich frage mich hin und wieder, ob ich das Alleinsein akzeptiert, ob ich Gottes Wille für diese Lebensphase erfaßt habe, so daß ich die Gaben und Möglichkeiten ausschöpfen kann, die Gott mir damit anvertraut hat.

Ich fragte meine alleinstehenden Freunde, was ihnen geholfen habe, alleinerziehend oder alleinstehend das Leben zu meistern. Ich faßte ihre Antworten zu fünf

Schlüsselbegriffen zusammen: Glaube, Standhaftigkeit, Freunde, Gemeinschaft, klare Sicht.

Es ist möglich, ein erfülltes und vollwertiges Leben zu führen ohne den körperlichen Ausdruck von Sexualität, aber bestimmt nicht ohne Liebe und Bestätigung.

Wenn wir mit jemandem über Keuschheit sprechen, der nicht verheiratet ist – und ich denke da nicht nur an Teenager, sondern an alle Altersgruppen –, müssen wir klarmachen, daß das eigene Schicksal nicht über unsere Sexualorgane, sondern über den Verstand kontrolliert wird. Keuschheit ist nicht Prüderie. Sie ist eine Haltung, eine innere Stärke. Keuschheit ist eine geistige Energie, die hilft, die Fesseln des begehrenden Egoismus zu sprengen.

Keuschheit ist die Entscheidung, frei zu sein. Es ist eine Freiheit von dem Druck der Sexualität, der Angst vor Schwangerschaft und Geschlechtskrankheiten, übereilter Heirat und vaterlosen Kindern, Schuld und Schmerz, frei von Risiken bei der Empfängnisverhütung und dem Verlust der persönlichen Wahlfreiheit . . .

Frei, aber nicht nur von, sondern auch für Werte, die anders nicht zu gewinnen sind. Dietrich Bonhoeffer sagte einmal, daß die Quintessenz der Keuschheit nicht die Unterdrückung der Lust sei, sondern die völlige Einstellung unseres Lebens auf ein bestimmtes Ziel.

Derek Prince, ehemaliger Professor in Cambridge, schrieb: »Der Zölibat ist wie ein gestauter Fluß – wenn der Fluß des Sexualtriebs gestaut ist, kann sich entsprechend mehr geistliche, intellektuelle und emotionale Energie auf anderen Gebieten entwickeln, wie z.B. in Wissenschaft, künstlerischen Schöpfungen oder beim Eintreten für Hilfsbedürftige. Die Beherrschung des Sexualtriebs durchbricht seine Tyrannei und Macht. Die großen Werke der Welt wurden von Menschen geschaffen, die ihre stark ausgeprägte Sexualität ihrem Lebensziel untergeordnet haben.«

Ein keusches Leben zu führen, ist ein starker Ausdruck menschlicher Kraft. Selbstachtung und gegenseitiger Respekt gehören dazu. Wir lernen verantwortlich zu sein in der Liebe, das heißt absolut keusch vor der Ehe und absolut treu in der Ehe. Keuschheit ist ja alles andere als verdorrte, ausgetrocknete Erotik oder Sexualität! Keuschheit ist der besonnene Umgang mit den Trieben, die Gottes Weisheit uns zugedacht und unserer Verantwortung anvertraut hat.

Jesus selbst blieb unverheiratet. Viele Menschen, die ich sehr respektiere und denen ich gerne nacheifern würde, sind begeisterte, uneingeschränkte, christliche Singles. Sie kennen das Geheimnis, ein ausgefülltes und vollwertiges Leben zu führen, trotz des Zölibats.

In einem Seminar über Spiritualität erzählte uns Vater Basil Pennington: »Als ich berufen wurde, allein zu leben, und ich wußte, daß ich etwas so Gutes wie die Ehe für das Mönchsdasein aufgeben mußte, beschloß ich, der bestmögliche Mönch zu werden.«

Am Ende eines unserer Seminare luden wir jedes Paar ein, sich auf zwei Stühle in die Mitte unseres Kreises zu setzen, und dann beteten wir für sie und segneten sie.

Aber es waren auch viele Singles anwesend.

Der Leiter lud eine der alleinstehenden Frauen ein, Platz zu nehmen, und ließ den leeren Stuhl an ihrer Seite stehen. »Wir sind alle verheiratet«, sagte er. »Da ist nur der Unterschied zwischen den ›Zwei-Personen-Paaren‹ und den ›Ein-Personen-Paaren‹. Jesus verließ seinen Vater für dich am Weihnachtstag. Er verließ seine Mutter für dich am Karfreitag. Er hält zu dir wie ein Ehemann zu seiner Frau, egal, wie schwer es ist, mit dir zu leben. Jesus möchte eins werden mit dir im heiligen Abendmahl und in der Gemeinschaft der Heiligen.«

Ingrid Trobisch

Du bist eine starke Frau

Auf den Spuren weiblicher Identität

160 Seiten, gebunden, ABCteam,
Bestell-Nr. 111 583

Kann ich mich leiden? Wo fühle ich mich geborgen? Was kann ich?
Wer es wagt, in den Spiegel zu schauen und sich dabei nicht nur »Wie sehe ich heute aus?« zu fragen, hat in diesem Buch einen wertvollen Begleiter für Wochen und Monate, denn Selbsterkenntnis und Selbstvertrauen gewinnt man nicht in einem Wochenend-Crash-Kurs.
Ingrid Trobisch begleitet die Leserin Schritt für Schritt und bereichert ihre Überlegungen mit Gedanken aus der Dichtung und der geistlichen Literatur, aber auch mit Erlebnissen und Erfahrungen aus ihrem eigenen Leben, das sie in viele Teile der Welt und in Kontakt mit Frauen verschiedenster kultureller Prägung gebracht hat.

R. BROCKHAUS VERLAG WUPPERTAL